The Secret of the Hidden Chest and Other Stories: Bilingual German-English Children's Stories

Coledown Bilingual Books

Published by Coledown Bilingual Books, 2023.

While every precaution has been taken in the preparation of this book, the publisher assumes no responsibility for errors or omissions, or for damages resulting from the use of the information contained herein.

THE SECRET OF THE HIDDEN CHEST AND OTHER STORIES: BILINGUAL GERMAN-ENGLISH CHILDREN'S STORIES

First edition. August 4, 2023.

Copyright © 2023 Coledown Bilingual Books.

ISBN: 979-8223825142

Written by Coledown Bilingual Books.

Table of Contents

Das Abenteuer im Zauberwald

Es war einmal ein neugieriges Mädchen namens Emilia, das in einem kleinen Dorf lebte. Eines Tages hörte sie von einem geheimnisvollen Zauberwald, der sich tief im Wald verbarg. Niemand wusste genau, was dort lauerte, aber Emilia spürte, dass es ein aufregendes Abenteuer sein könnte.

Begleitet von ihrem treuen Hund Max machte sich Emilia auf den Weg zum Zauberwald. Als sie den Eingang erreichte, entdeckte sie ein verzaubertes Tor, das mit funkelnden Kristallen geschmückt war. Es öffnete sich langsam, und Emilia trat voller Erwartung ein.

Im Inneren des Zauberwaldes sah sie magische Kreaturen, die in den Bäumen und Sträuchern lebten. Sie traf auf ein freundliches Einhorn namens Rosalie, das sie durch den Wald führte. Emilia war fasziniert von den leuchtenden Glühwürmchen und den singenden Vögeln.

Plötzlich hörten sie ein leises Schluchzen. Sie folgten dem Klang und entdeckten eine traurige kleine Fee, die ihren Zauberstab verloren hatte. Emilia beschloss, ihr zu helfen, und gemeinsam suchten sie den gesamten Wald ab. Schließlich fanden sie den Zauberstab unter einem Blumenbett versteckt.

Die Fee war so dankbar, dass sie Emilia und Max mit einer magischen Karte belohnte, die den Weg zu einem geheimen

Schatz zeigte. Die Karte zeigte eine geheimnisvolle Höhle am Ende des Waldes.

Emilia und Max machten sich auf den Weg zur Höhle. Unterwegs halfen ihnen die Glühwürmchen, den Weg zu beleuchten, und die Vögel sangen fröhliche Lieder, die sie ermutigten. Endlich erreichten sie die Höhle, die mit funkelnden Edelsteinen gefüllt war.

Als sie den Schatz betrachteten, fühlten sie, dass der eigentliche Reichtum in ihrer Freundschaft und den wunderbaren Erinnerungen lag, die sie im Zauberwald geschaffen hatten. Emilia und Max beschlossen, die Schätze im Zauberwald zu lassen, damit andere Kinder sie entdecken und die Magie des Waldes erleben könnten.

Nach einem aufregenden Tag kehrte Emilia mit Max nach Hause zurück, voller Freude über das Abenteuer, das sie erlebt hatte. Von nun an besuchte sie den Zauberwald oft, um mit ihren magischen Freunden zu spielen und die Schönheit der Natur zu genießen.

Und so endet die Geschichte von Emilia und dem Zauberwald, einer Geschichte voller Freundschaft, Abenteuer und zauberhafter Entdeckungen.

The Adventure in the Enchanted Forest

Once upon a time, there was a curious girl named Emilia who lived in a small village. One day, she heard about a mysterious enchanted forest hidden deep in the woods. No one knew exactly what lurked there, but Emilia felt that it could be an exciting adventure.

Accompanied by her faithful dog Max, Emilia set off for the enchanted forest. When she reached the entrance, she discovered an enchanted gate adorned with sparkling crystals. It opened slowly, and Emilia stepped inside, full of anticipation.

Inside the enchanted forest, she saw magical creatures living in the trees and bushes. She met a friendly unicorn named Rosalie, who guided her through the forest. Emilia was fascinated by the glowing fireflies and the singing birds.

Suddenly, they heard a soft sobbing. They followed the sound and discovered a sad little fairy who had lost her magic wand. Emilia decided to help her, and together they searched the entire forest. Eventually, they found the wand hidden under a bed of flowers.

The fairy was so grateful that she rewarded Emilia and Max with a magical map that showed the way to a secret treasure. The map revealed a mysterious cave at the end of the forest.

Emilia and Max set off for the cave. Along the way, the fireflies helped illuminate their path, and the birds sang cheerful songs that encouraged them. Finally, they reached the cave, which was filled with sparkling gemstones.

As they gazed at the treasure, they felt that the true wealth lay in their friendship and the wonderful memories they had created in the enchanted forest. Emilia and Max decided to leave the treasures in the enchanted forest so that other children could discover them and experience the magic of the forest.

After an exciting day, Emilia returned home with Max, full of joy from the adventure she had experienced. From then on, she often visited the enchanted forest to play with her magical friends and enjoy the beauty of nature.

And so ends the story of Emilia and the enchanted forest, a tale full of friendship, adventure, and enchanting discoveries.

Die Reise zum Regenbogenland

Es war einmal ein kleiner Junge namens Felix, der sich in einer grauen und tristen Stadt sehnte, etwas Magie und Farbe zu entdecken. Eines Tages, als er durch den verstaubten Dachboden seines Großvaters stöberte, fand er ein altes, verzaubertes Buch mit einem goldenen Schlüssel auf dem Cover. Neugierig wie er war, öffnete er das Buch und ein funkelnder Wirbelwind fegte ihn hinein.

Als Felix die Augen öffnete, befand er sich in einer zauberhaften Welt, die so bunt und lebendig war wie ein Regenbogen. Er hatte das Regenbogenland betreten, wo die Wolken Bonbons waren und die Vögel bunte Lieder sangen.

Kaum war Felix angekommen, traf er auf ein freundliches Einhorn namens Luna, das in glitzernden Farben leuchtete. Luna lud Felix ein, sie auf eine Reise durch das Regenbogenland zu begleiten. Gemeinsam galoppierten sie durch grüne Wiesen, über türkisfarbene Flüsse und durch lila Wälder.

Unterwegs trafen sie auf sprechende Blumen, die Geschichten über vergangene Abenteuer erzählten. Felix hörte gespannt zu und merkte, dass in dieser magischen Welt jeder Tag ein neues Abenteuer bereithielt.

Als die Sonne langsam unterging, erreichten Felix und Luna den Gipfel eines riesigen Berges, von dem aus sie das gesamte

Regenbogenland überblicken konnten. Die Farben leuchteten so hell, dass Felix vor Freude strahlte.

In der Ferne erblickten sie einen geheimnisvollen Tempel, der Gerüchten zufolge einen weiteren Schatz versteckte. Felix und Luna beschlossen, das Rätsel des Tempels zu lösen und den Schatz zu finden.

Der Tempel war voller kniffliger Rätsel und Herausforderungen, die Felix und Luna gemeinsam meisterten. Am Ende des Tempels fanden sie eine funkelnde Kiste, die mit Regenbogenstaub gefüllt war. Dieser Staub hatte die magische Kraft, das Grau in Felix' eigener Welt in ein buntes Wunderland zu verwandeln.

Mit der Kiste voller Regenbogenstaub kehrte Felix zurück in seine Heimatstadt. Er zauberte Farben und Magie in die tristen Straßen, und alle Menschen lachten vor Freude über die Veränderung. Das Grau wich der Schönheit des Regenbogens, und die Stadt erstrahlte in einem Meer aus Farben.

Von diesem Tag an besuchte Felix das Regenbogenland immer wieder und teilte seine Abenteuer mit seinen Freunden. Die Magie des Regenbogens begleitete ihn in seinem Herzen, und er wusste, dass es überall Freude und Farben geben kann, wenn man nur daran glaubt.

Und so endet die Geschichte von Felix und seiner Reise zum Regenbogenland, einer Geschichte voller Zauber, Freundschaft und der Entdeckung der Schönheit in allem, was uns umgibt.

The Journey to the Rainbow Land

Once upon a time, there was a little boy named Felix who yearned to discover some magic and color in a gray and dreary town. One day, as he was rummaging through his grandfather's dusty attic, he found an old enchanted book with a golden key on the cover. Curious as he was, he opened the book, and a sparkling whirlwind swept him inside.

As Felix opened his eyes, he found himself in an enchanting world, as colorful and vibrant as a rainbow. He had entered the Rainbow Land, where clouds were made of candies, and birds sang colorful songs.

Hardly had Felix arrived when he met a friendly unicorn named Luna, shimmering in sparkling colors. Luna invited Felix to join her on a journey through the Rainbow Land. Together, they galloped across green meadows, over turquoise rivers, and through purple forests.

Along the way, they encountered talking flowers that shared stories of past adventures. Felix listened attentively and realized that in this magical world, every day held a new adventure.

As the sun slowly set, Felix and Luna reached the summit of a huge mountain, from where they could oversee the entire Rainbow Land. The colors shone so brightly that Felix beamed with joy.

In the distance, they spotted a mysterious temple that reportedly held another treasure. Felix and Luna decided to solve the temple's riddles and find the treasure.

The temple was filled with tricky puzzles and challenges that Felix and Luna conquered together. At the end of the temple, they found a sparkling box filled with rainbow dust. This dust had the magical power to transform the grayness in Felix's own world into a colorful wonderland.

With the box full of rainbow dust, Felix returned to his hometown. He enchanted the streets with colors and magic, and everyone laughed with joy at the transformation. The grayness gave way to the beauty of the rainbow, and the town sparkled in a sea of colors.

From that day on, Felix visited the Rainbow Land again and again, sharing his adventures with his friends. The magic of the rainbow accompanied him in his heart, and he knew that joy and colors could be found everywhere if only one believed.

And so ends the story of Felix and his journey to the Rainbow Land, a tale full of enchantment, friendship, and the discovery of beauty in everything that surrounds us.

Der kleine Sternenfänger

In einer klaren Sommernacht, als der Himmel mit funkelnden Sternen übersät war, lebte in einem kleinen Dorf ein Junge namens Paul. Paul war fasziniert von den glitzernden Sternen hoch oben am Himmelszelt und träumte davon, einen Stern zu fangen.

Eines Nachts, als alle schliefen und der Mond sanft über das Dorf schien, zog Paul heimlich los mit einem Korb und einer langen Leiter. Er wollte einen der funkelnden Sterne mit seiner Leiter erreichen und in seinen Korb legen.

Paul kletterte hinauf und hinauf, doch die Sterne waren so hoch, dass er sie kaum erreichen konnte. Enttäuscht und müde setzte er sich auf einen weichen Moospolster und schaute in den funkelnden Himmel.

Plötzlich hörte er ein leises Kichern. Verwundert schaute er sich um und entdeckte eine winzige Sternenfee, die vor ihm tanzte. Sie hatte lila Flügel und trug einen funkelnden Zauberstab.

Die Sternenfee stellte sich als Stella vor und lächelte Paul an. "Warum versuchst du, einen Stern zu fangen?" fragte sie neugierig.

Paul erzählte von seinem Wunsch, einen Stern zu besitzen und wie er enttäuscht war, dass sie so unerreichbar schienen.

Stella lächelte sanft und erklärte: "Die Sterne sind magisch und gehören in den Himmel, wo sie leuchten und die Welt erhellen. Aber ich kann dir etwas Magisches zeigen."

Mit einem Schlenker ihres Zauberstabs verwandelte Stella den Korb von Paul in ein kleines Teleskop. "Schau durch das Teleskop", sagte sie.

Paul beugte sich vor und schaute durch das Teleskop in den Himmel. Zu seiner Überraschung konnte er die Sterne viel näher und klarer sehen als je zuvor. Er fühlte sich, als ob er sie fast berühren könnte.

Stella erklärte: "Du musst die Sterne nicht fangen, um ihre Schönheit zu erleben. Schau einfach genauer hin und lass sie in deinem Herzen funkeln."

Paul lächelte dankbar und bedankte sich bei der kleinen Sternenfee für ihre magische Gabe. Gemeinsam schauten sie durch das Teleskop und bewunderten die funkelnden Sterne.

Von diesem Moment an verbrachte Paul viele Nächte damit, durch sein Teleskop die Sterne zu betrachten und ihre Geheimnisse zu erforschen. Er lernte über Sternbilder und Planeten und wurde ein wahrer Sternenkenner.

Jede Nacht, wenn der Himmel mit funkelnden Sternen bedeckt war, saß Paul mit Stella auf seinem Moospolster und bewunderte die Pracht des Universums. Er wusste, dass die Sterne nicht zum Fangen waren, sondern um bewundert und in den Herzen geliebt zu werden.

Und so endet die Geschichte von Paul, dem kleinen Sternenfänger, der durch die Magie der Sterne erkannte, dass manchmal das, was wir suchen, viel näher ist, als wir denken.

The Little Star Catcher

———

On a clear summer night, when the sky was adorned with twinkling stars, lived a boy named Paul in a small village. Paul was fascinated by the sparkling stars high up in the sky and dreamed of catching one.

One night, while everyone was asleep and the moon gently illuminated the village, Paul secretly set off with a basket and a long ladder. He wanted to reach one of the glittering stars with his ladder and place it in his basket.

Paul climbed up and up, but the stars were so high that he could barely reach them. Disappointed and tired, he sat down on a soft moss cushion and gazed at the sparkling sky.

Suddenly, he heard a soft giggle. Surprised, he looked around and discovered a tiny star fairy dancing before him. She had purple wings and carried a sparkling wand.

The star fairy introduced herself as Stella and smiled at Paul. "Why are you trying to catch a star?" she asked curiously.

Paul told her about his wish to own a star and how disappointed he was that they seemed so unreachable.

Stella smiled gently and explained, "The stars are magical and belong in the sky, where they shine and brighten the world. But I can show you something magical."

With a wave of her wand, Stella transformed Paul's basket into a small telescope. "Look through the telescope," she said.

Paul leaned forward and looked through the telescope into the sky. To his surprise, he could see the stars much closer and clearer than ever before. He felt as if he could almost touch them.

Stella explained, "You don't need to catch the stars to experience their beauty. Just look closer and let them sparkle in your heart."

Paul smiled gratefully and thanked the little star fairy for her magical gift. Together, they peered through the telescope and admired the glittering stars.

From that moment on, Paul spent many nights observing the stars through his telescope and exploring their secrets. He learned about constellations and planets and became a true star connoisseur.

Every night, when the sky was adorned with twinkling stars, Paul sat with Stella on his moss cushion and admired the splendor of the universe. He knew that the stars were not meant to be caught, but to be admired and loved in the heart.

And so ends the story of Paul, the little star catcher, who through the magic of the stars realized that sometimes what we seek is much closer than we think.

Die Abenteuer von Max dem mutigen Drachenjäger

In einem weit entfernten Land, umgeben von hohen Bergen und grünen Wäldern, lebte ein kleiner Junge namens Max. Max war kein gewöhnlicher Junge, denn er hatte eine besondere Leidenschaft: Er liebte Drachen! Sein Zimmer war mit Drachenbildern und Drachenfiguren gefüllt, und er las Bücher über mutige Drachenjäger.

Eines Tages beschloss Max, ein echter Drachenjäger zu werden. Er packte seinen Rucksack mit einem provisorischen Schwert und einem magischen Kompass, den ihm seine Großmutter geschenkt hatte. Mit einem festen Entschluss machte er sich auf den Weg in den nahegelegenen Wald, wo Gerüchten zufolge ein gefährlicher Drache sein Unwesen trieb.

Auf seinem Weg traf Max auf eine kluge Eule namens Luna. Luna war fasziniert von Max' Entschlossenheit und beschloss, ihn auf seiner Reise zu begleiten. Sie sagte ihm, dass Drachen oft nicht so furchterregend seien, wie sie in Geschichten dargestellt würden, und dass es wichtig sei, ihr Verhalten zu verstehen.

Gemeinsam wanderten Max und Luna durch den dichten Wald, und nach vielen Abenteuern erreichten sie eine riesige Höhle, die möglicherweise das Zuhause des Drachens war. Vorsichtig schlichen sie näher, und zu ihrer Überraschung entdeckten sie keinen gefährlichen Drachen, sondern einen kleinen, freundlichen Drachen namens Emil.

Emil war traurig, dass die Menschen vor ihm davonliefen, nur weil er ein Drache war. Max und Luna erkannten, dass Emil in Wirklichkeit ein gutmütiger Drache war, der nur nach Freunden suchte. Max erzählte Emil von seiner Leidenschaft für Drachen und davon, dass er ein mutiger Drachenjäger werden wollte.

Emil lachte herzlich und erklärte, dass er nicht jagdbar sei, sondern lieber Geschichten und Abenteuer mit neuen Freunden erleben wollte. Max war fasziniert von Emils Erzählungen und merkte, dass nicht alle Drachen böse waren.

Die drei Freunde verbrachten den ganzen Tag zusammen und erlebten magische Abenteuer im Wald. Sie fanden geheime Höhlen, entdeckten verzauberte Blumen und halfen einem verirrten Eichhörnchen, seinen Weg nach Hause zu finden.

Am Ende des Tages kehrte Max mit Luna und Emil nach Hause zurück. Seine Eltern waren besorgt, als sie hörten, dass er den ganzen Tag im Wald verbracht hatte, aber Max erzählte voller Begeisterung von seinen neuen Freunden und den wunderbaren Abenteuern, die er erlebt hatte.

Von diesem Tag an besuchte Max Emil und Luna regelmäßig im Wald. Sie wurden die besten Freunde und erlebten zusammen viele aufregende Geschichten.

Und so enden die Abenteuer von Max dem mutigen Drachenjäger, der erkannte, dass es nicht immer das ist, wonach man sucht, sondern das, was man auf dem Weg entdeckt, das das Leben magisch macht.

The Adventures of Max the Brave Dragon Hunter

In a distant land, surrounded by tall mountains and green forests, lived a little boy named Max. Max was no ordinary boy because he had a special passion: he loved dragons! His room was filled with dragon pictures and dragon figurines, and he read books about brave dragon hunters.

One day, Max decided to become a real dragon hunter. He packed his backpack with an improvised sword and a magical compass that his grandmother had given him. With a firm determination, he set off into the nearby forest, where rumors said a dangerous dragon was causing trouble.

On his way, Max met a wise owl named Luna. Luna was fascinated by Max's determination and decided to accompany him on his journey. She told him that dragons were often not as terrifying as they were depicted in stories and that it was important to understand their behavior.

Together, Max and Luna hiked through the dense forest, and after many adventures, they reached a huge cave that could possibly be the dragon's home. They approached cautiously, and to their surprise, they didn't find a dangerous dragon but rather a small, friendly dragon named Emil.

Emil was sad that people ran away from him just because he was a dragon. Max and Luna realized that Emil was actually a gentle dragon who was just looking for friends. Max told Emil about his passion for dragons and his desire to become a brave dragon hunter.

Emil laughed heartily and explained that he was not huntable but preferred to experience stories and adventures with new friends. Max was captivated by Emil's stories and realized that not all dragons were evil.

The three friends spent the whole day together and had magical adventures in the forest. They found secret caves, discovered enchanted flowers, and helped a lost squirrel find its way home.

At the end of the day, Max returned home with Luna and Emil. His parents were worried when they heard he had spent the whole day in the forest, but Max excitedly told them about his new friends and the wonderful adventures he had experienced.

From that day on, Max regularly visited Emil and Luna in the forest. They became the best of friends and had many exciting stories together.

And so end the adventures of Max the brave dragon hunter, who realized that sometimes it's not what you're searching for, but what you discover along the way, that makes life magical.

Der Zauberwald der verzauberten Tiere

In einem fernen Land, wo sich majestätische Berge und grüne Wälder erstreckten, befand sich ein geheimnisvoller Zauberwald. Dieser Wald war kein gewöhnlicher Wald, denn er war von verzauberten Tieren bewohnt. Ein kleines Mädchen namens Lina lebte in der Nähe des Zauberwaldes und war fasziniert von den Geschichten über diese magischen Kreaturen.

Eines sonnigen Morgens beschloss Lina, das Abenteuer ihres Lebens zu erleben und den Zauberwald zu erkunden. Mit ihrem treuen Hund Fips machte sie sich auf den Weg. Als sie den Wald erreichte, spürte sie eine geheimnisvolle Energie, die den Wald umgab.

Kaum waren sie ein paar Schritte in den Wald hineingegangen, als sie eine wunderschöne Glühwürmchenfee namens Flora entdeckten. Flora führte Lina und Fips durch den dichten Wald, und dort trafen sie auf magische Kreaturen, die in den Bäumen und Büschen lebten.

Sie trafen auf einen neugierigen Eichhörnchenmagier namens Nussel, der Spaß daran hatte, Akrobatik auf den Ästen zu machen. Dann begegneten sie einem schüchternen Reh mit funkelnden Augen, das den Namen Glitzerauge trug. Glitzerauge erzählte ihnen von den Legenden des Zauberwaldes und wie er einst von einer mächtigen Zauberin erschaffen wurde.

Während ihrer Reise trafen sie auch auf einen weisen, alten Baum namens Wurzelmund, der ihnen Rätsel stellte, die nur die klügsten Köpfe lösen konnten. Lina und Fips knifflten und knobelten, bis sie schließlich die richtigen Antworten fanden.

Plötzlich hörten sie ein leises Plätschern und entdeckten einen schelmischen Wasserdrachen namens Quax, der in einem klaren Teich planschte. Quax liebte es, Wasserblasen zu machen und Lina und Fips damit zu überraschen.

Gemeinsam mit ihren neuen Freunden erlebte Lina ein unvergessliches Abenteuer im Zauberwald. Sie lernte, dass wahre Magie in der Natur und der Freundschaft liegt und dass das Herz des Waldes in jedem verzauberten Tier schlägt.

Als der Tag zu Ende ging, verabschiedete sich Lina von Flora, Nussel, Glitzerauge, Wurzelmund und Quax. Sie versprach, den Zauberwald immer in ihrem Herzen zu tragen und wiederzukommen, um weitere Abenteuer zu erleben.

Und so endet die Geschichte von Lina und dem Zauberwald der verzauberten Tiere, einem Märchen voller Magie, Freundschaft und der Wunder der Natur.

The Enchanted Forest of Magical Creatures

In a distant land, where majestic mountains and green forests stretched, there was a mysterious enchanted forest. This forest was no ordinary forest, for it was inhabited by enchanted creatures. A little girl named Lina lived near the enchanted forest and was fascinated by the stories of these magical beings.

One sunny morning, Lina decided to embark on the adventure of her life and explore the enchanted forest. With her faithful dog, Fips, she set out on her journey. As she reached the forest, she felt a mysterious energy surrounding it.

Barely a few steps into the forest, they discovered a beautiful firefly fairy named Flora. Flora led Lina and Fips through the dense woods, and there they encountered magical creatures living in the trees and bushes.

They met a curious squirrel magician named Nussel, who enjoyed performing acrobatics on the branches. Then, they encountered a shy deer with sparkling eyes, named Glittereye. Glittereye told them the legends of the enchanted forest and how it was once created by a powerful sorceress.

During their journey, they also met a wise, old tree named Rootmouth, who posed riddles that only the wisest minds could solve. Lina and Fips puzzled and pondered until they finally found the right answers.

Suddenly, they heard a soft splashing and discovered a mischievous water dragon named Quax, who was splashing around in a clear pond. Quax loved making water bubbles and surprising Lina and Fips with them.

Together with their new friends, Lina experienced an unforgettable adventure in the enchanted forest. She learned that true magic lies in nature and friendship, and that the heart of the forest beats within each enchanted creature.

As the day came to an end, Lina said goodbye to Flora, Nussel, Glittereye, Rootmouth, and Quax. She promised to carry the enchanted forest in her heart always and to come back for more adventures.

And so ends the story of Lina and the Enchanted Forest of Magical Creatures, a fairy tale filled with magic, friendship, and the wonders of nature.

Die Abenteuer von Leo dem mutigen Seefahrer

In einem kleinen Fischerdorf namens Meeresbrise lebte ein kleiner Junge namens Leo. Leo liebte das Meer und träumte davon, eines Tages ein mutiger Seefahrer zu werden. Jeden Tag beobachtete er die Fischerboote, die hinaus aufs Meer segelten, und hörte fasziniert ihren Geschichten von weit entfernten Inseln und geheimnisvollen Kreaturen zu.

Eines Tages, als Leo am Strand spielte, fand er eine alte Schatzkarte, die von einem vergessenen Schatz auf einer geheimnisvollen Insel erzählte. Leo spürte, dass dies das Abenteuer war, auf das er gewartet hatte. Er beschloss, die Schatzinsel zu finden und das Vermächtnis seiner Vorfahren zu erfüllen.

Mit einem selbstgebauten Boot und einem Kompass, den ihm sein Großvater geschenkt hatte, segelte Leo hinaus auf das weite Meer. Der Wind blies ihm ins Gesicht und die Wellen trugen ihn sanft auf seiner Reise.

Unterwegs traf er auf eine neugierige Möwe namens Kalle, die ihm von den Mysterien des Meeres erzählte. Leo und Kalle wurden schnell Freunde, und Kalle begleitete ihn auf seiner abenteuerlichen Reise.

Nach vielen Tagen des Segelns erreichten sie endlich die geheimnisvolle Insel. Sie war von dichtem Dschungel umgeben und wirkte wie aus einer alten Geschichte entsprungen. Leo und Kalle wagten sich in den Dschungel hinein und entdeckten versteckte Tempel und uralte Ruinen.

In einem tiefen Höhlensystem trafen sie auf einen freundlichen Wasserspeier namens Finn, der sie vor gefährlichen Fallen warnte. Mit Finns Hilfe meisterten sie die Herausforderungen und kamen dem Schatz immer näher.

Schließlich erreichten sie das Herz der Insel, wo der Schatz auf sie wartete. Aber statt glänzender Goldmünzen fanden sie etwas viel Wertvolleres: ein uraltes Buch voller Weisheit und Abenteuer. Es war das Tagebuch eines berühmten Seefahrers, der einst die Schatzinsel entdeckt hatte.

Leo und Kalle verstanden, dass der wahre Schatz nicht in Reichtümern lag, sondern in den Erfahrungen und Erinnerungen, die sie auf ihrer Reise gesammelt hatten. Sie kehrten zurück nach Meeresbrise und erzählten den Dorfbewohnern von ihren Abenteuern.

Von diesem Tag an wurde Leo zu einem berühmten Seefahrer, der die Meere bereiste und neue Inseln entdeckte. Er wurde von allen geliebt und bewundert, aber er wusste, dass der Mut und die Abenteuerlust in ihm steckten, die ihn zu einem wahren Helden gemacht hatten.

Und so enden die Abenteuer von Leo dem mutigen Seefahrer, der erkannte, dass manchmal der wertvollste Schatz in den eigenen Träumen und der Entschlossenheit liegt, sie zu verwirklichen.

The Adventures of Leo the Brave Seafarer

In a small fishing village called Sea Breeze, there lived a little boy named Leo. Leo loved the sea and dreamed of becoming a brave seafarer one day. Every day, he watched the fishing boats sail out to sea and listened in fascination to their stories of far-off islands and mysterious creatures.

One day, while playing on the beach, Leo found an old treasure map that spoke of a forgotten treasure on a mysterious island. Leo felt that this was the adventure he had been waiting for. He decided to find the Treasure Island and fulfill the legacy of his ancestors.

With a homemade boat and a compass his grandfather had given him, Leo set sail out onto the wide sea. The wind blew in his face, and the waves carried him gently on his journey.

Along the way, he met a curious seagull named Kalle, who told him about the mysteries of the sea. Leo and Kalle quickly became friends, and Kalle accompanied him on his adventurous journey.

After many days of sailing, they finally reached the mysterious island. It was surrounded by dense jungle and seemed to be straight out of an ancient tale. Leo and Kalle ventured into the jungle and discovered hidden temples and ancient ruins.

In a deep cave system, they encountered a friendly water sprite named Finn, who warned them about dangerous traps. With Finn's help, they overcame the challenges and came closer to the treasure.

Finally, they reached the heart of the island, where the treasure awaited them. But instead of shiny gold coins, they found something much more valuable: an ancient book full of wisdom and adventure. It was the diary of a famous seafarer who had once discovered the Treasure Island.

Leo and Kalle understood that the true treasure was not in riches but in the experiences and memories they had collected on their journey. They returned to Sea Breeze and shared their adventures with the villagers.

From that day on, Leo became a famous seafarer, traveling the seas and discovering new islands. He was loved and admired by all, but he knew that the courage and spirit of adventure were within him, making him a true hero.

And so end the adventures of Leo the brave seafarer, who realized that sometimes the most valuable treasure lies in one's own dreams and the determination to make them come true.

Der kleine Zauberlehrling

In einem zauberhaften Dorf, umgeben von funkelnden Wäldern und malerischen Wiesen, lebte ein kleiner Junge namens Finn. Finn war fasziniert von Magie und träumte davon, ein großer Zauberer zu werden. Jeden Tag übte er Zaubertricks und versuchte, Zaubersprüche zu murmeln.

Eines Tages, als Finn in einer staubigen alten Bibliothek stöberte, entdeckte er ein vergessenes Buch mit dem Titel "Die Magie der Sterne". Das Buch war mit leuchtenden Sternen auf dem Einband verziert und enthielt geheimnisvolle Zaubersprüche.

Neugierig und aufgeregt öffnete Finn das Buch und begann zu lesen. Er stieß auf einen mächtigen Zauberspruch, der die Sterne vom Himmel holen konnte. Begeistert beschloss er, diesen Zauberspruch auszuprobieren.

In einer klaren Vollmondnacht machte sich Finn auf den Weg zum Hügel, von dem aus er den besten Blick auf den Himmel hatte. Er murmelte den Zauberspruch und streckte seine Hand in Richtung der funkelnden Sterne.

Zu seiner Überraschung und Freude begannen die Sterne langsam zu leuchten und fielen in seine Handfläche. Finn konnte es kaum glauben! Er hielt die leuchtenden Sterne in seinen Händen und lachte vor Freude.

Doch bald merkte er, dass die Sterne schwerer wurden und seine Hände sich nicht mehr schließen ließen. Die Sterne begannen wild zu funkeln und sprangen aus seinen Händen zurück in den Himmel.

Finn erschrak und versuchte verzweifelt, die Sterne zurückzuhalten. Aber es war zu spät. Die Sterne schossen wie Feuerwerkskörper in den Nachthimmel zurück und bildeten einen funkelnden Wirbelsturm.

Plötzlich tauchte eine weise Eule namens Luna auf. Luna erkannte, dass Finn den mächtigen Zauberspruch der Sterne ausprobiert hatte. Mit sanfter Stimme erklärte sie ihm, dass man mit solch mächtiger Magie vorsichtig umgehen müsse, um keine unerwarteten Konsequenzen zu erleben.

Finn war betrübt über seinen Leichtsinn, aber Luna versicherte ihm, dass es in Ordnung sei. Sie erklärte, dass Fehler Teil des Lernprozesses seien und dass jeder Zauberlehrling einige Rückschläge habe.

Gemeinsam sammelten sie die leuchtenden Sterne ein, und Luna half Finn, sie behutsam in den Himmel zurückzuschicken. Sie lehrte ihn, dass die wahre Magie nicht in mächtigen Zaubersprüchen, sondern in der Weisheit und dem Respekt vor der Magie der Natur liege.

Von diesem Tag an übte Finn geduldig und mit Bedacht seine Zauberkünste. Er lernte von Luna, wie man die Magie der Sterne für gute Zwecke nutzte und niemals die Naturkraft missbrauchte.

Und so endet die Geschichte vom kleinen Zauberlehrling Finn, der erkannte, dass wahre Magie in der Balance zwischen

Ehrfurcht und Wissen liegt und dass das Erkunden der Magie immer eine Reise des Lernens und der Verantwortung ist.

29

The Little Sorcerer's Apprentice

In an enchanting village surrounded by sparkling forests and picturesque meadows, lived a little boy named Finn. Finn was fascinated by magic and dreamed of becoming a great wizard. Every day, he practiced magic tricks and attempted to mutter spells.

One day, while rummaging in a dusty old library, Finn discovered a forgotten book titled "The Magic of the Stars." The book was adorned with glowing stars on the cover and contained mysterious spells.

Curious and excited, Finn opened the book and began to read. He came across a powerful spell that could bring the stars down from the sky. Thrilled, he decided to try out this spell.

On a clear full moon night, Finn made his way to the hill from which he had the best view of the sky. He murmured the spell and stretched his hand towards the twinkling stars.

To his surprise and joy, the stars slowly began to shine and fell into his palm. Finn could hardly believe it! He held the glowing stars in his hands and laughed with delight.

But soon, he noticed that the stars were getting heavier, and his hands could no longer close. The stars started to sparkle wildly and jumped out of his hands, shooting back into the night sky, creating a sparkling whirlwind.

Suddenly, a wise owl named Luna appeared. Luna recognized that Finn had tried the powerful star spell. With a gentle voice, she explained to him that one must handle such powerful magic with care to avoid unexpected consequences.

Finn felt regretful for his recklessness, but Luna assured him that it was okay. She explained that mistakes were part of the learning process and that every sorcerer's apprentice faced setbacks.

Together, they gathered the glowing stars, and Luna helped Finn send them back to the sky with care. She taught him that true magic lay not in powerful spells but in wisdom and respect for the magic of nature.

From that day on, Finn practiced his magic patiently and with caution. He learned from Luna how to harness the magic of the stars for good purposes and never to misuse the forces of nature.

And so ends the story of the little sorcerer's apprentice Finn, who realized that true magic lies in the balance of reverence and knowledge and that exploring magic is always a journey of learning and responsibility.

Das Geheimnis der verborgenen Truhe

In einem zauberhaften Dorf namens Sonnenlicht lebte ein neugieriges Mädchen namens Mia. Mia liebte es, Abenteuer zu erleben und Rätsel zu lösen. Eines Tages, als sie im Garten ihrer Großmutter spielte, entdeckte sie unter einem alten Rosenstrauch eine geheimnisvolle Truhe.

Die Truhe war mit kunstvollen Verzierungen verziert und trug ein seltsames Schloss. Mia war fasziniert und fragte ihre Großmutter, ob sie wisse, woher die Truhe kam. Doch ihre Großmutter schüttelte den Kopf und sagte, dass die Truhe schon seit Generationen im Garten verborgen war und niemand wusste, was darin lag.

Mia ließ sich jedoch nicht entmutigen. Sie beschloss, das Rätsel der verborgenen Truhe zu lösen. Tag für Tag saß sie vor der Truhe und studierte die Verzierungen. Sie probierte verschiedene Schlüssel aus und murmelte geheime Zauberworte, aber die Truhe blieb verschlossen.

Eines Nachts, als der Vollmond den Garten erhellte, hörte Mia ein leises Klicken. Die Truhe hatte sich geöffnet! Voller Aufregung blickte Mia hinein und entdeckte eine vergilbte Landkarte, die den Weg zu einem versteckten Schatz zeigte.

Mit Herzklopfen und einem leuchtenden Lächeln machte sich Mia am nächsten Tag auf den Weg. Die Landkarte führte sie durch dichte Wälder, über plätschernde Bäche und zu einer alten Ruine auf einem Hügel.

In der Ruine entdeckte sie eine geheimnisvolle Statue einer Eule, die ihr mit funkelnden Augen den Weg zum Schatz wies. Mia folgte der Eule durch ein Labyrinth von Gängen und Kammer und gelangte schließlich zu einer verborgenen Kammer.

In der Kammer fand sie eine funkelnde Truhe, die von Glitzerstaub umgeben war. Als sie die Truhe öffnete, leuchtete sie in allen Farben des Regenbogens. Darin lagen kostbare Edelsteine, magische Amulette und ein Brief mit den Worten: "Die wahre Schatz ist die Freude des Entdeckens."

Mia war überwältigt von dem Schatz, den sie gefunden hatte. Aber sie wusste, dass das eigentliche Geheimnis darin bestand, dass sie das Rätsel gelöst hatte und den Weg zum Schatz selbst gefunden hatte.

Voller Freude kehrte Mia mit dem Schatz und dem Brief nach Hause zurück. Sie erzählte ihrer Großmutter von ihren Abenteuern und dem Geheimnis der verborgenen Truhe. Die beiden lächelten sich an und wussten, dass wahre Schätze im Herzen und in den Erinnerungen liegen, die man auf den Abenteuern des Lebens sammelt.

Und so endet die Geschichte von Mia und dem Geheimnis der verborgenen Truhe, einem Märchen voller Magie, Neugierde und der Freude am Entdecken.

The Secret of the Hidden Chest

In an enchanting village called Sunlight, lived a curious girl named Mia. Mia loved to experience adventures and solve puzzles. One day, while playing in her grandmother's garden, she discovered a mysterious chest hidden under an old rose bush.

The chest was adorned with intricate decorations and had a peculiar lock. Mia was fascinated and asked her grandmother if she knew where the chest came from. However, her grandmother shook her head and said that the chest had been hidden in the garden for generations, and no one knew what was inside.

Mia, however, was not discouraged. She decided to solve the mystery of the hidden chest. Day after day, she sat in front of the chest and studied the decorations. She tried different keys and murmured secret magic words, but the chest remained locked.

One night, as the full moon illuminated the garden, Mia heard a faint click. The chest had opened! Filled with excitement, Mia looked inside and discovered a yellowed map that showed the way to a hidden treasure.

With a pounding heart and a radiant smile, Mia set out the next day. The map led her through dense forests, over babbling streams, and to an ancient ruin atop a hill.

In the ruin, she discovered a mysterious statue of an owl, which with twinkling eyes, pointed her the way to the treasure. Mia followed the owl through a maze of passages and chambers and eventually reached a hidden chamber.

In the chamber, she found a sparkling chest surrounded by glimmering dust. As she opened the chest, it lit up in all the colors of the rainbow. Inside were precious gemstones, magical amulets, and a letter that said: "The true treasure is the joy of discovery."

Mia was overwhelmed by the treasure she had found. But she knew that the real secret lay in the fact that she had solved the puzzle and found the way to the treasure on her own.

Filled with joy, Mia returned home with the treasure and the letter. She told her grandmother about her adventures and the secret of the hidden chest. They smiled at each other and knew that true treasures lie in the heart and in the memories one collects on the adventures of life.

And so ends the story of Mia and the Secret of the Hidden Chest, a fairy tale filled with magic, curiosity, and the joy of discovery.

Das Abenteuer der kleinen Waldfee

In einem verwunschenen Wald, wo sich zarte Nebelschwaden zwischen den Bäumen hindurchschlängelten und die Blumen in bunten Farben blühten, lebte eine kleine Waldfee namens Lina. Lina war eine neugierige und mutige Fee, die jeden Tag aufregende Abenteuer erleben wollte.

Eines Morgens, als die ersten Sonnenstrahlen den Wald in goldenes Licht tauchten, hörte Lina ein leises Wimmern. Sie folgte dem Klang und fand einen verletzten Schmetterling, der sich in einem Spinnennetz verfangen hatte.

Mit ihren zarten Händen befreite Lina den Schmetterling und pustete ihm sanft Leben ein. Dankbar flatterte der Schmetterling um Linas Kopf und führte sie zu einem geheimnisvollen Baum, der im Herzen des Waldes stand.

Der Baum war so hoch, dass seine Äste den Himmel zu berühren schienen, und er trug goldene Früchte, die wie glitzernde Sterne leuchteten. Der Schmetterling erklärte Lina, dass dies der Wunderbaum sei und dass die goldene Frucht jedem, der davon aß, einen geheimen Wunsch erfüllen konnte.

Lina war fasziniert von der Magie des Baumes und beschloss, einen Wunsch zu äußern. "Ich möchte die Sprache der Tiere verstehen", flüsterte sie leise. Sofort begann der Wunderbaum zu leuchten, und eine strahlende Energie umgab Lina.

Plötzlich hörte sie die Vögel zwitschern, die Eichhörnchen plappern und das Rascheln der Blätter, die ihr Geschichten erzählten. Sie konnte mit den Tieren sprechen und ihre Sorgen teilen.

Mit ihren neuen Fähigkeiten ging Lina auf Entdeckungsreise durch den Wald. Sie half den Tieren, die sich verirrt hatten, und tröstete die kleinen Käfer, die traurig waren. Lina war glücklich, dass sie nun dazu beitragen konnte, den Wald zu einem besseren Ort zu machen.

Eines Tages hörte Lina ein verzweifeltes Wimmern tief im Wald. Sie folgte dem Klang und fand einen verletzten Fuchs, der in einer Falle gefangen war. Mitfühlend befreite sie den Fuchs und pflegte seine Wunden.

Der Fuchs, der nun seine Dankbarkeit ausdrücken konnte, erzählte Lina von einem geheimen See, dessen Wasser magische Heilkräfte hatte. Er sagte, dass der See nur einmal im Jahr in der Vollmondnacht erschien und dass er Menschen und Tieren Gesundheit und Glück bringen konnte.

Lina beschloss, den Fuchs zum magischen See zu führen. Gemeinsam machten sie sich auf den Weg und fanden den See in einer lichtdurchfluteten Lichtung. Die Wasseroberfläche schimmerte in den Farben des Regenbogens.

Dankbar trank der Fuchs von dem magischen Wasser und fühlte sich sofort besser. Lina badete in dem See und spürte, wie die Magie ihre Flügel und ihre Seele berührte.

Von diesem Tag an wurde Lina von den Tieren des Waldes als Hüterin der Magie verehrt. Sie lebte glücklich und erfüllte jeden Tag mit Abenteuern und Freude. Der Wald war nie mehr derselbe, denn die kleine Waldfee Lina hatte ihm eine Prise Magie geschenkt.

Und so endet das Abenteuer der kleinen Waldfee, die durch ihre Neugier und ihren Mut die Magie in sich und in ihrer Umgebung entdeckte und den Wald in einen wundervollen Ort verwandelte.

The Adventure of the Little Forest Fairy

In an enchanted forest, where delicate mists wound their way between the trees and colorful flowers bloomed, lived a little forest fairy named Lina. Lina was a curious and brave fairy who wanted to experience exciting adventures every day.

One morning, as the first rays of sun bathed the forest in golden light, Lina heard a faint whimpering. She followed the sound and found an injured butterfly trapped in a spider's web.

With her delicate hands, Lina freed the butterfly and gently breathed life into it. Gratefully, the butterfly fluttered around Lina's head and led her to a mysterious tree at the heart of the forest.

The tree was so tall that its branches seemed to touch the sky, and it bore golden fruits that glimmered like stars. The butterfly told Lina that this was the Wonder Tree and that the golden fruit could grant a secret wish to anyone who ate it.

Lina was fascinated by the magic of the tree and decided to make a wish. "I wish to understand the language of animals," she whispered softly. Instantly, the Wonder Tree glowed, and a radiant energy surrounded Lina.

Suddenly, she could hear the birds chirping, the squirrels chattering, and the rustling of the leaves, all telling her stories. She could speak with the animals and share their worries.

With her new abilities, Lina went on a journey of discovery through the forest. She helped lost animals find their way and comforted the little beetles that were sad. Lina was happy that she could now contribute to making the forest a better place.

One day, Lina heard a desperate whimpering deep in the woods. She followed the sound and found an injured fox trapped in a snare. Compassionately, she freed the fox and tended to its wounds.

The fox, now able to express gratitude, told Lina about a secret lake whose water had magical healing powers. He said that the lake appeared only once a year during the full moon night and that it could bring health and happiness to both humans and animals.

Lina decided to lead the fox to the magical lake. Together, they set off and found the lake in a sunlit clearing. The water's surface shimmered in the colors of the rainbow.

Gratefully, the fox drank from the magical water and immediately felt better. Lina bathed in the lake and felt the magic touching her wings and soul.

From that day on, Lina was revered by the forest animals as the Guardian of Magic. She lived happily, filling every day with adventures and joy. The forest was never the same again because the little forest fairy Lina had gifted it with a sprinkle of magic.

And so ends the adventure of the little forest fairy, who through her curiosity and bravery discovered the magic within herself and her surroundings, transforming the forest into a wonderful place.

Der Zirkus der Zauberwesen

Es war einmal ein geheimnisvoller Wald, der sich zwischen zwei kleinen Dörfern erstreckte. Dieser Wald war kein gewöhnlicher Wald - er war das Zuhause von magischen Wesen. Die Dorfbewohner wussten von ihrer Existenz, aber nur wenige hatten sie je gesehen.

Eines Tages entdeckte ein kleines Mädchen namens Marie eine verborgene Tür, die tief in den Wald führte. Neugierig öffnete sie die Tür und trat in eine zauberhafte Welt ein. Dort sah sie Zwerge, Elfen, Einhörner und sogar sprechende Bäume.

Die magischen Wesen begrüßten Marie freundlich und luden sie ein, den "Zirkus der Zauberwesen" zu besuchen, der nur einmal im Jahr stattfand. Es war ein spektakuläres Ereignis, bei dem die magischen Wesen ihre besonderen Fähigkeiten zeigten und die Dorfbewohner aus nah und fern zusammenkamen, um das Schauspiel zu bestaunen.

Marie war begeistert von der Idee und versprach, am nächsten Tag wiederzukommen. Als sie nach Hause zurückkehrte, erzählte sie ihrer Familie von den magischen Wesen und dem Zirkus. Doch niemand glaubte ihr, denn in den Augen der Erwachsenen waren solche Dinge nur Fantasie.

Entschlossen, ihre Entdeckung zu beweisen, kehrte Marie am nächsten Tag mit einer Kamera zurück. Sie wollte Fotos von den magischen Wesen machen, um allen zu zeigen, dass sie nicht gelogen hatte.

Als sie die verborgene Tür erreichte, sah sie eine kleine Elfe namens Flora, die weinte. Flora erklärte, dass der Zirkus in diesem Jahr abgesagt werden musste, weil ein wichtiges magisches Artefakt gestohlen worden war.

Marie spürte den Kummer in Floras Stimme und beschloss, zu helfen. Gemeinsam begannen sie nach dem gestohlenen Artefakt zu suchen. Sie folgten Spuren und lösten Rätsel, bis sie den Dieb in einer alten Höhle fanden.

Es war ein verschlagener Kobold, der das Artefakt für seine eigenen finsteren Zwecke benutzen wollte. Mit List und Mut gelang es Marie und Flora, das Artefakt zurückzubekommen und den Kobold zu überlisten.

Als sie triumphierend zur verborgenen Tür zurückkehrten, entdeckten sie, dass die magischen Wesen sie erwarteten. Sie hatten gehört, dass Marie den Zirkus retten wollte, und waren dankbar für ihre Hilfe.

Der Zirkus der Zauberwesen wurde gerettet, und Marie wurde zur Ehrengastin ernannt. Die Dorfbewohner staunten über die Fotos, die Marie von den magischen Wesen gemacht hatte, und glaubten endlich an ihre fantastische Entdeckung.

Von diesem Tag an war der Wald kein Geheimnis mehr, und die magischen Wesen und die Dorfbewohner lebten in Freundschaft und Harmonie zusammen. Der "Zirkus der Zauberwesen" wurde zu einem jährlichen Fest, bei dem die Magie gefeiert wurde und Träume wahr wurden.

Und so endet die Geschichte von Marie und dem Zirkus der Zauberwesen, einem Märchen über Freundschaft, Mut und den Glauben an die Magie, die in jedem von uns existiert.

The Circus of Magical Creatures

Once upon a time, there was a mysterious forest that stretched between two small villages. This forest was no ordinary forest - it was the home of magical creatures. The villagers knew of their existence, but few had ever seen them.

One day, a little girl named Marie discovered a hidden door that led deep into the forest. Curiously, she opened the door and stepped into an enchanting world. There, she saw dwarves, elves, unicorns, and even talking trees.

The magical creatures greeted Marie warmly and invited her to visit the "Circus of Magical Creatures," which took place only once a year. It was a spectacular event where the magical creatures showcased their special abilities, and villagers from near and far gathered to marvel at the spectacle.

Marie was thrilled by the idea and promised to come back the next day. When she returned home, she told her family about the magical creatures and the circus. However, no one believed her because in the eyes of adults, such things were merely fantasy.

Determined to prove her discovery, Marie returned the next day with a camera. She wanted to take photos of the magical creatures to show everyone that she hadn't lied.

As she reached the hidden door, she saw a little fairy named Flora, who was crying. Flora explained that the circus had to be canceled this year because an important magical artifact had been stolen.

Marie felt the sorrow in Flora's voice and decided to help. Together, they began searching for the stolen artifact. They followed tracks and solved riddles until they found the thief in an old cave.

It was a cunning goblin who wanted to use the artifact for his own dark purposes. With cunning and bravery, Marie and Flora managed to retrieve the artifact and outsmart the goblin.

When they triumphantly returned to the hidden door, they found the magical creatures waiting for them. They had heard that Marie wanted to save the circus and were grateful for her help.

The Circus of Magical Creatures was saved, and Marie was named the guest of honor. The villagers marveled at the photos Marie had taken of the magical creatures and finally believed in her fantastic discovery.

From that day on, the forest was no longer a secret, and the magical creatures and the villagers lived in friendship and harmony together. The "Circus of Magical Creatures" became an annual festival celebrating magic and making dreams come true.

And so ends the story of Marie and the Circus of Magical Creatures, a fairy tale about friendship, courage, and believing in the magic that exists within each of us.

Die Abenteuer von Max dem mutigen Entdecker

In einem kleinen Dorf namens Wunderhausen lebte ein aufgeweckter Junge namens Max. Max war neugierig und abenteuerlustig. Er liebte es, die Welt um sich herum zu erkunden und Geheimnisse zu lüften. Jeden Tag ging er auf Entdeckungsreise und kehrte mit spannenden Geschichten zurück.

Eines Tages, als Max durch den Wald streifte, hörte er ein leises Klopfen. Er folgte dem Geräusch und entdeckte ein geheimnisvolles Haus mitten im Dickicht. Das Haus war winzig und sah aus, als wäre es aus den Seiten eines Märchenbuchs entsprungen.

Vorsichtig öffnete Max die Tür und trat ein. Drinnen erwartete ihn eine Überraschung. Es war ein Zuhause für kleine Waldgeister! Winzige Feen, Zwerge und Elfen sausten umher und bereiteten sich auf ein wichtiges Fest vor.

Max wurde freundlich von den Waldgeistern begrüßt. Sie erzählten ihm, dass sie den jährlichen "Waldzauber-Tag" feiern wollten, an dem die magischen Wesen des Waldes ihre Kräfte vereinen und den Wald mit neuer Energie erfüllen würden.

Max war begeistert und beschloss, den Waldgeistern bei den Vorbereitungen zu helfen. Er half den Feen, glitzernde

Blumenkränze zu flechten, den Zwergen, leuchtende Laternen zu basteln, und den Elfen, einen magischen Tanz einzustudieren.

Als die Nacht hereinbrach, versammelten sich alle Waldgeister am großen Baum in der Mitte des Waldes. Der Baum begann zu leuchten, und der Wald erstrahlte in einem Meer von funkelnden Lichtern.

Gemeinsam begannen die Waldgeister ihren Zauber zu wirken. Die Feen ließen Blumen in den schönsten Farben blühen, die Zwerge zauberten goldene Münzen aus dem Boden, und die Elfen führten einen schwebenden Tanz auf.

Max staunte über die magische Pracht und fühlte, wie der Zauber ihn erfüllte. Er spürte, wie sich sein Herz mit Freude und Dankbarkeit füllte, dass er das Geheimnis des Waldes entdeckt hatte.

Von diesem Tag an wurde Max der mutige Entdecker genannt, der den Waldzauber-Tag mit den Waldgeistern feierte. Er kehrte oft zu ihrem geheimen Haus zurück und half ihnen bei neuen Abenteuern und Festen.

Die Dorfbewohner hörten von Max' Erlebnissen und bewunderten seinen Mut und seine Großzügigkeit. Max erkannte, dass wahre Schätze nicht in Gold oder Reichtümern liegen, sondern in den Freunden, die man gewinnt, und in den Erinnerungen, die man auf seinen Abenteuern sammelt.

Und so enden die Abenteuer von Max dem mutigen Entdecker, der die Magie des Waldes entdeckte und durch seine Neugier und sein Mitgefühl die Herzen der Menschen berührte.

The Adventures of Max the Courageous Explorer

In a small village called Wonderhausen lived a bright boy named Max. Max was curious and adventurous. He loved exploring the world around him and unraveling mysteries. Every day, he set off on an expedition and returned with exciting stories.

One day, as Max roamed through the forest, he heard a faint knocking sound. He followed the noise and discovered a mysterious house amidst the thicket. The house was tiny and looked as if it had sprung from the pages of a fairy tale.

Carefully, Max opened the door and stepped inside. What awaited him was a surprise! It was a home for tiny forest spirits! Tiny fairies, dwarves, and elves zipped around, preparing for an important celebration.

Max was warmly welcomed by the forest spirits. They told him that they were getting ready for the annual "Forest Magic Day," where the magical beings of the forest would unite their powers and fill the woods with new energy.

Excited, Max decided to help the forest spirits with their preparations. He assisted the fairies in weaving glittering flower crowns, helped the dwarves create illuminated lanterns, and practiced a magical dance with the elves.

As night fell, all the forest spirits gathered around the grand tree at the heart of the forest. The tree started to glow, and the forest illuminated with a sea of sparkling lights.

Together, the forest spirits began their magic. The fairies made flowers bloom in the most vibrant colors, the dwarves conjured golden coins from the ground, and the elves performed a floating dance.

Max marveled at the magical splendor and felt the enchantment filling him. He sensed his heart filling with joy and gratitude that he had discovered the secret of the forest.

From that day on, Max was known as the courageous explorer who celebrated Forest Magic Day with the forest spirits. He often returned to their secret house, helping them with new adventures and celebrations.

Word of Max's adventures spread to the villagers, who admired his bravery and generosity. Max realized that true treasures lay not in gold or riches but in the friends one makes and the memories gathered on their adventures.

And so, the adventures of Max the courageous explorer end, a tale of discovering the magic of the forest and touching the hearts of people through curiosity and compassion.

Die Abenteuer von Lenni und dem Geheimnis des Zauberwaldes

In einem fernen Land, umgeben von malerischen Wiesen und majestätischen Bergen, lebte ein neugieriger Junge namens Lenni. Lenni war kein gewöhnlicher Junge - er hatte ein besonderes Gespür für Abenteuer und Geheimnisse. Jeden Tag zog es ihn hinaus in die Natur, um nach neuen Entdeckungen zu suchen.

Eines Tages hörte Lenni von einem geheimnisvollen Zauberwald, der tief im Herzen des Landes verborgen lag. Niemand wusste genau, was sich in diesem Wald verbarg, aber Geschichten erzählten von magischen Kreaturen, die dort lebten.

Voller Entschlossenheit machte sich Lenni auf den Weg zum Zauberwald. Der Weg war lang und abenteuerlich, aber Lenni war mutig und ließ sich nicht abschrecken. Als er den Rand des Waldes erreichte, spürte er eine geheimnisvolle Energie in der Luft.

Kaum war er in den Wald eingetreten, hörte er leises Flüstern und sah ein schwaches Glühen zwischen den Bäumen. Es war, als würde der Wald ihm sagen wollen: "Folge mir, Lenni."

Lenni folgte dem Flüstern und dem Licht und kam schließlich zu einem kleinen Teich, der von glitzernden Blumen umgeben war. In der Mitte des Teiches stand eine wunderschöne Fee mit schimmernden Flügeln.

"Willkommen, mutiger Lenni," sagte die Fee mit einer sanften Stimme. "Du hast den Weg zu unserem Zauberwald gefunden."

Lenni war überwältigt von der Schönheit der Fee und fragte: "Was ist das Geheimnis dieses Waldes? Was verbirgt sich hier?"

Die Fee lächelte und erklärte: "Unser Zauberwald ist ein Ort der Magie und der Träume. Hier leben zauberhafte Kreaturen, die gemeinsam die Natur schützen und bewahren. Wir sorgen dafür, dass die Blumen blühen, die Tiere glücklich sind und die Bäume stark und gesund bleiben."

Lenni war beeindruckt von der Aufgabe der magischen Wesen und fragte: "Kann ich euch bei eurer wichtigen Arbeit helfen?"

Die Fee nickte und sagte: "Ja, Lenni. Wir freuen uns über deine Hilfe. Du hast ein Herz voller Abenteuerlust und Mut. Zusammen können wir den Zauberwald noch schöner machen und die Magie weiter verbreiten."

Und so begann Lennis Abenteuer im Zauberwald. Er half den Feen und anderen magischen Wesen, die Natur zu pflegen und zu beschützen. Sie sammelten funkelnde Blätter für die Bäume, sangen zauberhafte Lieder für die Blumen und tanzten mit den Tieren.

Mit jeder Aufgabe, die Lenni erfüllte, spürte er, wie sich sein Herz mit Freude füllte. Er hatte nicht nur den Zauberwald gefunden, sondern auch einen Ort, an dem er dazugehörte.

Und so enden die Abenteuer von Lenni und dem Geheimnis des Zauberwaldes, einem Märchen über den Zauber der Natur und den Wert von Mut und Hilfsbereitschaft. In diesem geheimnisvollen Land entdeckte Lenni nicht nur eine Welt voller Magie, sondern auch seine eigene innere Stärke.

The Adventures of Lenni and the Secret of the Enchanted Forest

In a distant land, surrounded by picturesque meadows and majestic mountains, lived a curious boy named Lenni. Lenni was no ordinary boy - he had a special sense for adventure and secrets. Every day, he was drawn to nature, seeking new discoveries.

One day, Lenni heard about a mysterious enchanted forest hidden deep in the heart of the land. No one knew exactly what lay within this forest, but stories spoke of magical creatures residing there.

Determined, Lenni set out on a journey to find the enchanted forest. The path was long and adventurous, but Lenni was brave and undeterred. As he reached the forest's edge, he felt a mysterious energy in the air.

Hardly had he entered the forest when he heard faint whispers and saw a faint glow between the trees. It was as if the forest wanted to tell him: "Follow me, Lenni."

Lenni followed the whispers and the light, eventually reaching a small pond surrounded by shimmering flowers. In the middle of the pond stood a beautiful fairy with glistening wings.

"Welcome, brave Lenni," said the fairy with a gentle voice. "You have found your way to our enchanted forest."

Lenni was overwhelmed by the fairy's beauty and asked, "What is the secret of this forest? What is hidden here?"

The fairy smiled and explained, "Our enchanted forest is a place of magic and dreams. Magical creatures live here, working together to protect and preserve nature. We ensure that flowers bloom, animals are happy, and trees remain strong and healthy."

Lenni was impressed by the magical beings' task and asked, "Can I help you with your important work?"

The fairy nodded and said, "Yes, Lenni. We welcome your help. You have a heart full of adventure and bravery. Together, we can make the enchanted forest even more beautiful and spread the magic further."

And so, Lenni's adventure in the enchanted forest began. He assisted the fairies and other magical creatures in nurturing and safeguarding nature. They gathered sparkling leaves for the trees, sang enchanting songs for the flowers, and danced with the animals.

With each task Lenni fulfilled, he felt his heart filling with joy. He had not only found the enchanted forest but also a place where he belonged.

And so ends the adventures of Lenni and the secret of the enchanted forest, a fairy tale about the magic of nature and the value of bravery and helpfulness. In this mysterious land, Lenni not only discovered a world full of magic but also his own inner strength.